Parme Ceriset

ÉCUME DE TOI

Extraits choisis du recueil *N'oublie jamais la saveur de l'aube*, 2019, recension dans La Cause littéraire.

AVANT-PROPOS

Cet ouvrage est composé d'extraits choisis du recueil de Parme Ceriset *N'oublie jamais la saveur de l'aube* (2019) qui a fait l'objet d'une recension par Patrick Devaux dans La Cause littéraire. L'article évoque « l'Amour inoubliable », « la nostalgie d'un passé ressemblant presque à un monde disparu malgré le jeune âge ressenti de l'auteur et, en même temps, force de retrouvailles dans n'importe quel paysage où la moindre vague peut servir à évoquer. ». On y lit aussi : « Parme a le sens de l'éphémère pour servir de marque-page à l'éternité. »

« À toi qui jadis parlais ma langue, peut-être que tu sauras encore la déchiffrer. »

À celui qui m'a arrachée aux ténèbres,
À celui qui m'a éveillée à la lumière…

© 2021, Ceriset, Parme
Edition : Books on Demand,
12/14 rond-Point des Champs-Elysées, 75008 Paris
Impression : BoD - Books on Demand, Norderstedt, Allemagne
ISBN : 9782322201365
Dépôt légal : mai 2021

À Toi, qui Jadis parlais ma langue, qui sait si tu sauras encore la déchiffrer…

Tout s'est évaporé, pourtant c'était hier...

Écume de Toi

Je te revois.
Je revois ton visage fouetté par les embruns.
Tu étais là, debout sur ce rocher, à contempler la tombe de Chateaubriand.
Tes cheveux vaporeux flottaient dans la légèreté du soir, dans un nuage d'insouciance.
Tu me souriais, m'inondant de la douce fraîcheur qui émanait de tes yeux en amande.
Tu parlais de la mort.
Tu ne savais pas.
Tu étais un enfant.

Toi, d'autres encore, le temps vous a évaporés.
Et même si depuis, d'autres sourires sont venus me sauver et me faire renaître au bonheur, ces regards disparus me hanteront à jamais. Je les porte en moi comme un fardeau de basalte, un flambeau de lave qui scintille d'une inaltérable passion d'exister, qui éclaire ma route dans les ténèbres dépeuplées.
Je me suis blessée contre les grillages du non-sens, comme la plupart d'entre nous le feront tôt ou tard. Mais la joie jaillit encore au plus profond de moi comme une source d'eau vive, comme un torrent d'éternité.
Mes blessures ont fait de moi une femme libre, une Amazone de l'espoir, comme tu me nommais

lorsque j'affrontais la mort. Rien n'est plus solide que cette force qui est née de la fragilité.

Alors je me hisse sur mon cheval de lumière, et nous avançons vers le soleil. Nous nous envolons, lui et moi, plumes et crinière au vent. Peut-être irons-nous nous jeter dans l'océan, nous fondre à nos rêves, à nos réminiscences, dans des criques solitaires et des lagons cristallins. Et tant qu'il restera une étincelle d'espoir, nous marcherons vers la vie, vers l'amour, vers la liberté, jusqu'à la fin des temps, entre les herbes de braise, fraîches et scintillantes.

Ta voix de rivière

La rivière a emporté les frais galets
d'adolescence,
Le sable roux, les grains d'or de nos regards fous,
Ta voix chantante et juvénile
Qui s'est effacée
Comme la complainte du temps
Dans son lit tumultueux…
Et de même les rêves
Qui étaient les nôtres,
Un peu trop indisciplinés,
Echevelés.

Vent de Toi

Le vent a-t-il vraiment tout effacé de toi ?
A-t-il emporté
Dans les gouffres du temps
Notre histoire givrée ?
Sur les névés des hauts plateaux,
Je l'entends souffler, furieux et indomptable,
Derrière les volets roux du chalet d'alpage.
Il s'insinue obstinément entre les rondins de mélèze
Rougis par les assauts de l'hiver,
Eclairés depuis peu par l'aube douce et délicieuse
Ourlée de rayons roses.

Parviendra-t-il un jour à nous ressusciter,
À faire revivre nos silhouettes sauvages ?
Et ces journées sous des pluies roses,
Lorsque nous marchions main dans la main
Dans l'éternel et délicieux enfer
Du Vercors et de ses hauts plateaux ?
Demain je pars retrouver
Les forêts de l'insouciance,
Ma nature, ma vie,
Ma liberté,
Mon Amour.
Je ne suis, à cœur d'espoir,
Qu'une senteur d'épicéa perdue dans l'Éden mourant.

Braises de vie

Je veux m'envoler
Par-delà les feuilles d'automne
Des mûriers en cendres,
Par-delà la nuit
Qui a gardé ton sourire
En ses entrailles bleues,
Par-delà le jour
Qui n'a plus d'autre consistance
Que la clarté
Du repos,
Par-delà le temps
Et retrouver les braises d'or
Qui brillaient dans tes yeux
Au temps de l'insouciance,
Au temps de notre Eden.

Chemin de Toi

J'ai laissé une partie de nous
Sur ces pierres calcaires
Que nous piétinions,
Sur les herbes hautes
De ces champs de blés murs.
Nous sommes morts toi et moi,
Une partie de mon âme est restée sur ce chemin.
Tu ne m'as pas oubliée,
Je ne t'ai pas oublié,
Mais le vent a dressé entre nos vies des haies de mistral brûlantes.
Nous sommes devenus amis de résistance.
Le jour où j'irai rejoindre les ombres,
Tu ne seras pas là pour me tenir la main.
Puis tu m'appelleras au cœur des ténèbres,
Mais les pierres ne renverront que l'écho interminable de ceux que nous étions.

Vagues de Toi

Te souviens-tu des vagues qui nous transportaient
Et que nous chevauchions âme et cheveux au vent ?
Je revois ton sourire et tes larmes d'enfant
Et nos rires enfuis dans l'océan de jais…

Tu te hissais, heureux, au sommet d'un rocher,
Tu me disais souvent « Le monde m'appartient »,
Tu étais prétentieux, tu défiais le destin,
Tu nous croyais unis devant l'éternité.

Aujourd'hui la marée m'a éloignée de toi
Mais dans le sable blanc qui recouvre la plage,
Les paillettes scintillent de tes yeux de rois,
Je t'entends m'appeler au cœur des coquillages…

Nuages de Toi

Ton rire se pose sur les cimes de mes angoisses.
Tu es « on ne peut plus vivant », tu rayonnes à travers mes nuages.

Tes yeux de brume

J'ai pris un pavé sur le cœur
C'est inouï
Déjà en ces temps reculés de l'enfance
Tu questionnais la vie de tes grands yeux de brume
Rivés vers le ciel gris
Qui menaçait tes pas
Tu cherchais ton étoile au cœur même des nuées...
Déjà !

Les herbes libres

Là-haut sur la crème des vagues il y a ton rire.
L'ouragan a noyé mes rêves de citron,
Les herbes poussent jusqu'à six-pieds sous terre…

Les herbes, ces chevaux au galop bercés par le mistral,
C'est la houle rebelle de la Liberté
Dans les vallons de la résistance,
Les herbes, ce sont des existences volées.

Les braises de l'espoir

Il reviendra un jour
Le temps de notre Eden.
Comme un phénix d'espoir,
Il renaîtra de ses braises,
Plus flamboyant encore
Qu'aux premiers éclats de l'aube.

Une bouffée de rêve

Je te disais :
« Rêvons,
Mes poumons enfumés t'offrent une bouffée
d'utopie.
Accepte mes larmes d'espoir,
Elles viennent du cœur.
Ce n'est pas la mer à boire,
Ce n'est que l'écume
Des rêves d'éternité.
Le soir, tu cueilleras la joie sur mes lèvres et je
lirai la foi dans tes yeux.
Tu m'aideras à moins haïr la mort.
Le matin, nous boirons les étoiles des fleurs,
perles de la rosée, au sein d'une nouvelle
aurore. »

Je ne serai plus jamais seule
En repensant à l'héroïsme
Dont nous avons parfois fait preuve
En nageant au fond des abysses
Du monde désoxygéné
Dans lequel la guerre enfermait
Nos rêves de vie émiettés,
Que pourtant l'on aimait savourer.

Tu fus l'un de mes sauveurs.
Tu me tendais ta main alliée,
Alliée de vie, âme presque sœur,
Me délivrant de l'horreur

Par cette complicité innée
Qui réunissait
Nos âmes d'enfants en quête de sens,
Nos amours de la vie,
Nos rêves en errance,
Nos regards de brume étoilée
Qui scintillaient d'espoir
Comme des fragments de Voie lactée.

Noël en geôle blanche

Noël il y a dix ans, je sortais de l'enfer
Des débuts périlleux de ma seconde vie,
Déjà tant de semaines passées dans la nuit
Dans cette geôle blanche et ce grand lit de fer.

Tu fus autorisé à rester avec moi,
Tu dormais dans un lit placé tout près du mien,
Lorsque je m'éveillais, tu me tenais la main,
Tu avais apporté des paillettes de joie.

Et Noël scintillait au cœur de ton regard,
Plus que mille guirlandes, aux couleurs de vie
Tu m'avais apporté des livres, des biscuits
Quelques pinceaux aussi, et même quelques toiles,
Mais ton sourire était ma plus précieuse étoile,
Nous avancions sereins vers un nouveau départ

Pépites d'encore

Je veux que l'on me donne
Quelques secondes de plus
Pour humer le souffle bleu des étoiles
Et leurs paillettes qui flambent
Dans leur robe d'argent
Avant que tout s'éteigne…
Je veux que l'on me laisse
Célébrer une dernière fois
L'amour sur cette plage nue,
Habillée d'écume embrasée
Au soleil couchant…
Je veux que l'on m'offre
De m'émerveiller à nouveau
De chaque pépite de lumière,
Pour cueillir avec Toi
Les fleurs folles du cerisier rose,
Pour te sourire
Comme on sourit à la vie,
Comme si c'était la dernière fois,
Comme si c'était la première fois…

Toi des abysses

Je n'ai pas oublié
L'alter-héros des abysses,
Le regard étoilé
Qui me délivrait chaque jour
De ma geôle de métal,
La présence solaire
Qui m'enracinait à la vie.
Le temps s'est écoulé,
Les vagues ont emporté nos rêves,
Seule est restée l'écume,
Bouillonnement immaculé de nos âmes
Qui imprime sur le sable brûlant
Son imperceptible mémoire de nous.
Quand tout sera fini,
Quand la nuit déposera sur le monde endormi sa grande cape bleue,
Quand le vent soufflera pour effacer les plaines,
Je te retrouverai à l'autre bout du bois,
Je te raconterai cette drôle d'histoire qui s'est écrite sans nous
D'un bout à l'autre de la table du destin,
La table de la loi,
La table des rois déchus.
Nous nous regarderons une dernière fois,
Comme le yin que la vie aurait séparé du yang,
La boucle sera bouclée
Nous pourrons mourir
Chacun à une extrémité du monde,
Les lianes retrouveront le chemin de nos cendres.

Étincelles de Toi

Tu arpentais le jardin d'Eden
En bondissant tel un cabri,
Tu te hissais dans le figuier
Pour décrocher quelques trésors
Encore étincelants de rosée.

La vie était cachée ici,
Au plus profond des fruits trop mûrs.
Ton regard était un délice
De malice et d'adolescence.

Ces étincelles de toi
Brûlent en mon cœur
Comme des braises de miel,
Comme des fruits de rêve et d'espoir.

Le train du temps

Ce grand train du néant qui m'arrache à ton âme,
C'est l'esclave du temps, c'est l'esclave du vent.
Je te vois m'oublier en ravalant tes larmes,
Tu m'as presque effacée pour t'en sortir vivant.

Et pourtant tu es là, tu cries et tu m'appelles,
Toi l'amour de jadis devenu mon ami,
Comme si le passé saignait encore la nuit
Dans les fantômes morts de nos âmes rebelles.

Alors nous marcherons côte à côte à jamais,
Comme deux alliés ayant connu l'enfer
Puis la mort sonnera et dans l'ombre de jais,
Nous ressusciterons les regards d'hier…

Ceux des adolescents rieurs que nous étions
Lorsque nous ne savions presque rien de la vie,
Tu faisais s'envoler dessus la haie fleurie
Ta balançoire bleue, là-haut, vers l'horizon.

Ami, toi l'ancien roi de mes larmes d'antan,
De mes rires aussi, éclats d'éternité,
Ne prends jamais le train qui efface le temps,
Regarde nos fantômes, ils ont l'air de s'aimer.

Réminiscences de Toi

Ce matin, au jardin, le mistral était fou
Il a ressuscité l'âme des temps perdus,
Te souviens-tu l'ami des écureuils roux
Qui volaient d'arbre en arbre et à perte de vue ?
Nous paressions à l'ombre des platanes sourds
Qui ne comprenaient rien à nos jeux amoureux,
C'était de l'insouciance et c'était de l'amour
Que nous découvrions dans ce grand hamac bleu.
Bien des années plus tard, tu m'as tenu la main
Non pour m'émerveiller mais pour me soutenir,
Dans cette brume sombre où j'ai failli mourir,
Et tu m'as arrachée aux griffes du destin.
Mais en ces temps lointains nous n'en étions pas
là,
Nous paressions à l'ombre du grand magnolia
Dont les fleurs exhalaient un parfum de gaieté,
Le sucre du matin dans les brumes d'été.
Les merles et mésanges berçaient nos joies
douces,
Nous étions fous de vivre et ivres de gaieté,
Maintenant que le temps a tout évaporé,
Je t'aperçois le soir sur les collines rousses
Qu'éclaire le couchant de nos réminiscences
Comme pour les faire naître une dernière fois
Même si le destin a brisé la romance,
Rien n'efface les cieux, tu es toujours en moi…
Toi l'amant de jadis et l'allié de toujours.

Bouteille d'écume

Quelques siècles plus tôt dans notre éternité,
Nous dérivions dans cette bouteille rose,
Naviguant au gré des vagues,
Sur l'océan des rêves…
Que reste-t-il de nous ?
Il reste cette gaieté,
Cette allégresse
Qui emplissait nos yeux d'ivresse,
Il reste toute la poussière
Que l'on respire en prenant l'air
Et qui est l'âme du passé
Qui n'a jamais vraiment cessé…

Ton cadavre en forêt

Il y a quelque chose de mystérieux et d'indicible :
Je sais que même au fond de l'enfer,
Si je découvrais ton cadavre sous la clarté
glauque de la clairière noire,
Je te sentirais vivre encore en moi.
Malgré tes yeux figés,
Figés loin de Tout, vers le néant,
Je serais figée en toi.
Tu coulerais encore dans mes veines
Tant qu'il me resterait une goutte de sang vif.

Réminiscences de pluies

Et nos pas qui craquaient sur les chemins jonchés
De glands de chênes blancs reviendront-ils hanter
Les chemins escarpés que nos âmes ont foulés
Le temps d'une étincelle de nos vies effacées ?
Et nos rires complices et nos éclats de voix,
Nos larmes, nos sueurs, dans l'azur, labiles,
Les odeurs de buis qui les rendaient faciles,
Reviendront-elles hanter l'éternité parfois ?
Et je baigne dans ces réminiscences qui hurlent
Cette éternité enfuie,
Je me souviens de mes artères qui brûlent
D'une passion d'être avec lui.

Nos rires dorment

Dans la colline battue par les vents,
Rien n'a vraiment changé depuis l'aube,
Les blés sont toujours ces mille vagues d'or
Fouettées par un mistral insolent.
La toile du ciel, épouse du temps, porte la même
robe d'azur.
Seuls manquent au décor nos rires d'adolescents.
Nous marchions sur les chemins de la jeunesse,
Le temps nous a effacés…
Mais nos silhouettes rient encore,
Comme deux enfants cueillant des tournesols,
Qui ignorent
Que le destin les a déjà condamnés.

T'attendre

T'attendre
Dans les plaines arides des hauts plateaux de l'âme,
Là où le soleil fou brûle tous les Icares…

T'attendre
Entre les rochers blancs semés à l'infini
Par l'homme qui voulait se perdre dans la nuit…

T'attendre
Fouettée par le vent frais qui éveille mes sens
Et qui a emporté tous ce que nous étions…

T'attendre
Au creux des herbes rousses brûlées par le temps
Qui me raconteront nos plaies d'adolescents,
Et cet amour de feu qui embrasait nos cœurs,
Te souviens-tu, l'ami, nos fantômes demeurent…

Toi de brume

Dans le silence des hauts plateaux,
Le vent berce les conifères
De ses vagues indifférentes
Qui défient le temps.
Le temps me parle de toi,
L'ami de l'adolescence,
La robe des grands sapins
M'inonde de tes yeux verts.
La brume vient de se lever,
Je m'étire dans l'herbe fraîche,
Le ruisseau de jadis a gelé,
Nos vies se sont évaporées.
La rosée caresse ma peau
Comme jadis coulaient
Tes larmes dans mes mains,
Lorsque je te quittais.
Aujourd'hui je suis damnée
Pour t'avoir délaissé, mon âme…
Est-ce le prix de ma liberté ?
Tout me parle de toi.
Toi de mon ancien monde,
Je t'aperçois
Sur les monts brisés
Des toits du monde…

Écume de joie

La vie n'a plus le goût des Monts
Où nous marchions entre les bouses
En riant sous le soleil blond
La nuit, sous la lune jalouse
De nos éclats de joie rubis
Qui claquaient sous nos pas d'écume,
Nous avons péri dans le lit
Du temps et de ses draps de brume.
Tu étais mon premier amour,
Aujourd'hui je marche sans toi,
Mes rêves sont devenus sourds,
Je dois réinventer la joie.

Éclat de lumière

Il n'y a nul autre lieu au monde
Où la lumière a cet éclat,
Cette lumière blonde qui traverse les pétales mauves
Des violettes
Qui saignent encore de nos souvenirs enfuis.

Inégalables

Inégalables,
Ces pépites d'or et de rêve qui éclairent les feuilles vertes
De mille nuances de feu, de curry et de passion,
D'épices safranées de miel en pluie de toutes joies offertes.

N'oublie jamais la saveur de l'aube

Je me réveillais, j'ouvrais les volets verts et l'aube entrait dans mes poumons.
Je la poursuivais sur la terrasse, dans la clarté parme et suave qui inondait le jardin.
Au loin, une ou deux étoiles scintillaient encore, dans un ultime embrasement.
L'aube étincelait en moi.
Elle inondait l'intérieur de mes bronches de ses innombrables saveurs, tout était immergé et imprégné de cette délicieuse infusion de lavande sauvage, de chèvrefeuille, de buis, de thym, de menthe et d'acacia.
Tu me rejoignais. Te souviens-tu ?
Et nous humions en osmose cette délicieuse potion d'extase sensorielle.
En journée, nous allions nous baigner dans les vasques turquoise, entre les rochers blancs, au cœur des clairières sauvages. Ton regard scintillait d'éternité.
Nous étions fous, fous d'ivresse et d'insouciance, éternellement jeunes.
Depuis, le temps a coulé sur le bonheur.
N'oublie jamais la saveur de l'aube.

L'Auberge d'Eden

Tu roulais en direction de l'auberge des dauphins,
Notre chienne était heureuse,
Elle avait rapporté
Les bâtons lancés dans la rivière,
Elle était trempée
Jusqu'à l'os,
Sa fourrure dégoulinait
De yin et de yang.
Tu te frottais les mains,
Le soleil éclatait,
Les papillons roux
Dansaient en rougeoyant
Sous le soleil fou,
Le vert verdissait
Sur les arbres bordant
La route du bonheur,
Puis nous nous arrêtions
À la première clairière,
Le sable blanc serein
Tapissait le sentier
De notre amour sans fin.
Irremplaçables,
Ces moments perdus dans l'air du temps,
Irremplaçable,
Ce temps du bonheur insouciant.
Pourtant…
Nous l'avons enterré.

Eden de neige

Tu te levais,
La neige avait tout englouti du réel,
Tu ouvrais les volets,
Le sol trônait alors
À hauteur de nos yeux…
Au salon,
Nos rêves sentaient le pain frais,
Je croquais tes lèvres,
Tu me dévorais des yeux.
Tu t'employais à construire un igloo,
Je te traitais de fou :
-Mais que va-t-on manger ?
-Des bûches de bois vert, me répondais-tu, des pépites de soleil, mets tes raquettes !
Puis tu me poussais dans la neige
Pour me défier,
Nous étions fous, c'est vrai, ivres de liberté.

Soupe orange

Qu'il était bon d'enjamber les hérissons
Pour aller déguster la soupe orange,
L'élixir des anges,
Ce délicieux poison
De la dépendance au bonheur.

Y as-tu cru l'ami
Que cela durerait
Une éternité ?
Si nous avions su…

Qu'il était bon d'entendre le rire
De nos aïeux
De peindre des œufs colorés selon nos délires
Avec eux.
Qu'ils étaient bons tous ces sourires confiants
Qui ignoraient que le pire
Était latent…

Qu'il était bon le temps où le temps
N'était qu'un mot égaré
Dans la jungle du dictionnaire,
Maintenant on y est …

Rosée d'or, Eden roux

Aux lueurs adolescentes
Des soleils anciens,
Les roses flamboyaient d'élégance,
Je m'en souviens.
Et leurs nuances pastel et douces
Rendaient immortelles
Les journées passées au soleil,
Les joies rousses.
La rosée étincelante et fraîche,
Sur leurs calices d'or,
Dessinait des chapelets de vie
Qui brillent encore,
Dans ma mémoire blessée et nostalgique
De l'époque magique
De la sérénité.

Le coquelicot Icare

Te revoilà,
Coquelicot d'or,
Sang brûlant de mon premier amour.
Tu flamboies
De notre idylle perdue.
Fantôme de nos rêves,
Dans tes ailes de braise,
Garde nos cicatrices,
Envole-toi vers d'autres soleils.

Passion coquelicot

Je revois ton visage au cœur des coquelicots,
Tu m'offrais ton regard de frêle adolescent,
Je t'ai cueilli un jour sous les feux du couchant,
Rien n'était plus précieux que ce souffle nouveau.
Nous avons célébré les braises de l'amour
Dans ce champ mordoré, lit de notre passion,
Je t'ai promis qu'alors je t'aimerais toujours,
J'ai tenu ma promesse au moins une saison.
Mais depuis quand je vois ces fleurs flamboyantes,
Je retourne un instant au temps de l'insouciance,
L'automne a arraché mon cœur d'amarante
Le jour où j'ai quitté tes larmes de jouvence.

Premier mirage d'absolu

Effluves ultramarines, jour de réminiscences…
Je nous revois.
Nous nous étions abreuvés du poison étoilé de l'absolu,
Nous avions nagé dans ses vagues indigo,
Sous l'éclat argenté de la lune insouciante…
Te souviens-tu de nos fantômes adolescents,
Ils étaient fous, ils se prenaient pour les rois du Sahel,
Pour des maharajas s'aimant sur des tapis de roses
Trempées dans leur sang et dans du miel.
Te souviens-tu, oui, je t'avais dans la peau,
Ton parfum me hantait de ton écume fraîche
Lorsque tu t'envolais loin de moi quelque temps.
Te souviens-tu, tu me cueillais le firmament,
Tu revenais souvent des hauts plateaux du monde
Avec quelques bouquets de rêves et d'étoiles,
Et nous passions des heures ton front contre mon front
À nous perdre chacun dans le grand labyrinthe
Du regard de l'autre,
Ténébreux minotaure
De la mort qui guettait notre amour, notre sort.
Car elle nous hantait cette maîtresse ultime
Qui tranche le destin lorsque cela lui chante.
J'imaginais,
En sentant contre mes joues ton visage osseux,
Les deux gisements d'os que nous serions bientôt
Dans deux mille ans peut-être,
Un an, un jour, un mot,

Et nous jurions alors
Que rien au grand jamais
Ne nous séparerait, au moins en ce bas monde.
Mais nous ne savions pas, nous étions des enfants,
Qui font la vie, l'amour et ne croient qu'au présent.
-Mais je suis toujours là ! me dis-tu indigné.
-C'est vrai, tu n'es pas loin, nous avons moins peur désormais.
Nous sommes morts tant de fois
Dans l'abîme obscur et livide
De nos deux inconscients torturés.
Je t'ai oubliée un peu, parfois
Aux aurores printanières,
Dans les bras de l'amant au regard turquoise
Qui m'a sauvée de toi,
Qui m'a sauvée de nous,
De notre mirage d'absolu
Que tu avais tué
Que j'avais enterré
Que nous avions réduit en lambeaux.
Oui, j'oublie dans ses bras,
Je revis dans son regard
Car il a conservé
L'élixir de sérénité
Que nous avons perdu…
Après la vie,
Elles reviendront peut-être
Les lianes de l'absolu
Pour parfumer nos tombes
Reliées par leurs bras noueux
Devant la Voie lactée.

Vois-tu : leurs branches fleuries se tiennent par la main,
Elles font la vie, regarde, elles nous sourient.
Tout est bien.

Roches et réminiscences

J'arpente le sentier de rocailles givrées,
Le mistral m'emporte,
Est-il devenu fou ?
Fou de moi, fou de vivre ?
Je m'envole à dos de liberté
Vers les nuages de guimauve grise.
Le soleil pâle s'éteint à l'horizon,
La tempête glace mes joues d'abricot.
Je foule l'herbe dure, cristallisée dans le néant.
Les heures s'écoulent imperceptiblement
Dans ce fossile d'Eden.
Des genêts et des roches s'étendent à l'infini,
Je marche…
Une heure, un siècle, une éternité
Dans la brume de musc blanc.
Parviendrai-je à retrouver
Le grand portail rouillé
Du manoir de notre adolescence,
Refuge de nos fugues célestes,
De nos rêves avortés ?
Notre paradis effacé,
T'en souviens-tu ?
A-t-il seulement existé ?

Ancien royaume

J'ai ouvert la porte de notre ancien royaume,
Les roses du passé avaient tout envahi.
De nous, de nos rêves enfuis
Ne reste que l'arôme…

À un rêveur

Où ton âme rêveuse
A-t-elle trouvé refuge ?
Dans quelle lointaine contrée
As-tu enterré tes rêves ?
Dans quelle cheminée as-tu immolé ton idéal ?
Et puis je te retrouve
En allié des brumes…

Le cadavre de notre amour

Nous nous sommes recueillis sur le cadavre de notre amour…

À « Toi » de ma seconde vie, toi qui m'éveillas à la lumière...

Nuit d'or

J'attends que tu viennes à moi
Sous les étoiles scintillantes d'espoir
Qui palpitent dans la robe céleste du cosmos.
J'attends que tu me parviennes,
Par les vagues d'un destin moqueur,
Par l'écume fraîche et salée
Des embruns musqués et malicieux.
J'attends que tu m'enveloppes
Dans l'écrin brûlant de tes bras,
Dans ce nuage iodé et protecteur,
Dans la nuit bleutée
Qui se fond à l'océan de saphir
De ton regard rêveur.
J'attends que tu donnes vie
À l'éternelle rose
D'extase et de passion
En ancrant ton pistil
Au creux de mes pétales.
J'attends que nous savourions
Du crépuscule à l'aube
Les fruits d'or et de carmin,
Jusqu'à la fin de notre temps.

Sève passion

La passion luira dans mes pétales jusqu'au dernier printemps,
Jusqu'à la dernière goutte de sève,
Jusqu'à la dernière étamine d'espoir.

Tu dis que tu chantes

À la cascade tu dis que tu me bois…
Des yeux,
Aux quatre coins du temps
Tu dis que tu ignores le doute,
Que je suis ton firmament…
Aux étoiles je vouerai ma vie.

De l'autre côté de la nuit

Une nuit,
Il y a ton âme qui m'appelle
À l'autre bout des rêves…
Tu noies tes idéaux perdus
Dans la brume mélancolique
Qui enveloppe tout.
Je t'aperçois
Tu me souris,
Tu m'attends.

Le lac Destin

De l'autre côté du grand lac
Tu veilles sur moi
Les flots me renvoient ton visage
Et les vers que tu as écrits pour moi.

Sous la pluie sanguine

La pluie sanguine
A déchiré tes vêtements,
L'orage en proie aux pires foudres
A lâché ses grêlons de métal,
Nous nous sommes retrouvés toi et moi
Nus comme la lune rousse
Sans sa robe d'argent,
Plus possible de nous cacher
Derrière nos armures de métal,
Alors j'ai lu dans ton regard
Un désir fou dépouillé de ses armes,
J'ai embrassé tes lèvres fermes,
Ta soif de vivre au goût d'océan,
J'ai cueilli le fruit gorgé d'azur
Ruisselant de ta rivière folle,
J'ai invoqué ta force mâle,
Et la pluie nous rendait si ivres d'aimer
Que nous ne faisions plus qu'un avec les
éléments

Les citrons de calabre

J'ai passé des nuits blanches bercées par les vagues d'or
Qui m'emportaient au loin dans des flots de plaisir
Mais j'entendais parfois le cri des rêves brisés...
Je reviens du soleil mais les forêts me manquent
Et je suis retournée dans ce village perdu
Marcher sur les pierres vertes.
J'ai gravé sur le monument aux morts
Le « V » de notre victoire passagère
Sur le Destin et sur le sort
Notre sursis avant l'enfer...

Nous voilà libres !

J'irai marcher dans les torrents de fortune,
Devant la nature, temple de l'absolu.
Raconte-moi le chant des mésanges,
Les clairières où nous nous rejoindrons.

Raconte-moi notre union face à l'immensité,
Face au Tout, face au rien, face au néant,
Comme un cri brûlant de nos vies,
Rebelles unis face au non-sens,
Eternellement vivants l'espace d'un instant...

Dans chaque être luit l'éternité de l'instant...

Je veille dans le givre

Dans l'ambiance ouatée des matinées d'hiver,
Je suis là, au coin du feu,
J'observe les tisons givrés,
Souvenirs de ma nuit souveraine.
J'attends,
Une rose entre mes lèvres
Que tu viennes me réveiller,
Me tirer de mes pensées vagabondes
Qui naviguent au-delà des brumes d'or
Dans l'enchevêtrement des forêts,
Qu'au loin l'aurore inonde
D'une clarté juvénile.
L'insouciance du temps d'Eden
A mis la clef sous la porte,
J'ai tant marché que je n'ai plus peur,
Je veille.
Heureusement la vie fourmille
Dans les brumes matinales,
L'oiseau chante l'espoir
Mieux que toute symphonie,
De toute éternité.
Cet éclat particulier de l'aube,
Cette douceur
Qui embrume tout l'univers
D'un délicieux parfum de pomme d'amour.
Tu me réveilles de l'enfer,
Je cueille la joie
Dans ton sourire taquin,
Tu me regardes avec malice,
Je ne veille plus,
Le soleil m'embrase,

La vie m'attend dans des draps de satin.
Je cueille un brin d'extase
Puis je pars humer le jardin.

Cœur de neige dans la braise

Cette nuit, mon cœur de neige a fondu dans sa robe de braise.
Je t'ai entendu m'appeler dans le néant,
Dans ce vide infini, dans ce chaos du temps,
Dans ce gouffre sans fin qui nous a engloutis…

La valse des regards

Nous valsons tous ensemble
Toi, moi, parents, amis,
Nous valsons dans cette grande salle noire
Qui n'a ni toit ni murs,
Qui n'a pour seule charpente
Que les nappes de brume
Peintes aux couleurs de l'aube
Et du couchant.
Nous valsons sans but ni fin,
Puis peu à peu ils disparaissent
Tous ces êtres que nous aimions,
Engloutis par l'ouragan
Des heures, des jours et des saisons.
Nous sommes là toi et moi,
Désormais tout est vide
Autour de nous…
La valse irrémédiable du temps
A emporté tous ces regards
Si précieux
Dans le grand tourbillon…
Bientôt il fera nuit,
La grande nuit, la vraie, l'éternelle,
Et nous serons happés à notre tour
Par ce chaos virevoltant…
Embrasse-moi,
Dansons sous la neige brûlante
Qui abat tout autour de nous
Ses stalactites assassines.
Elle finira par nous ensevelir
Pour éteindre la dernière flamme,

Celle de nos corps qui dansent,
De nos âmes en fusion.
Alors valsons à l'infini
Et mourons en musique
Dans les bras l'un de l'autre,
Ton regard dans le mien
Mon regard dans ton regard.

Nous sommes les ténèbres et l'océan,
La nuit et le jour.
La vie ne mourra pas,
Car les vagues valseront
Eternellement
En mémoire de nous,
Sous les assauts du vent…

Réinventer l'espoir

De l'autre côté du désespoir,
L'espoir brillera-t-il encore
De quelques braises ravivées
Derrière les nuages du non-sens ?
Parviendrai-je encore à aimer,
À t'aimer avec les lambeaux de mon cœur ?
À aimer la vie avec les lambeaux de mes rêves ?
Je veux y croire.
Je réinventerai l'espoir.

Mirage sucré

Un merveilleux instant sauvage
Avant de rejoindre les flots,
Un sucré parfum de mirage
Qui se dessine au fil des mots…
Vie, que tu es belle dans ces éclats de douceur,
Dans ces éclats de vie qui brillent sur les pétales du monde,
Comme autant de gouttes de rosée.

Flammes purpurines

Il ne restera rien des flammes purpurines
Qui embrasent nos cœurs en fusion dans les cieux,
Il ne restera rien des rochers de basalte
Qui pavent le chemin de nos rêves brûlants…

Il ne restera rien des cascades de lave
Qui jaillissent au creux de nos âmes rebelles…
L'amour aura passé
Et nous aurons fané,
Comme des roses des sables
Effacées par le vent…

Tous nos mots assemblés, nos poèmes, nos rires,
Tout sera oublié,
Nous n'existerons plus,
Et puis un beau matin,
Un mistral un peu fou
Soufflera sur les pierres des volcans éteints,
Et un souffle d'espoir
Viendra ressusciter
Les braises de nos vies
Et les faire renaître au ciel bleu-orange.

L'Apollon de l'espoir

Et soudain je t'aperçus,
Moi qui étais depuis longtemps plongée dans la nuit noire,
Et soudain je te reconnus,
Tu portais dans tes yeux le flambeau de l'espoir.

Ton regard : la clarté d'un océan serein,
Ton sourire : celui qui m'attendait pour me sauver de mon destin.
Tu apaises les maux de mon âme rebelle,
Je me sens immergée dans ta sérénité,
Ce nuage turquoise au goût de mirabelle,
Tu es ma joie de vivre et mon éternité.

Tu danses et tu m'invites à valser avec toi
Dans ce « tango Passion » qui s'écrit tous les jours,
Sur nos pages de vie où je t'ai sacré Roi,
Apollon de l'espoir, tu es mon seul amour.

Le souverain de mes nuits

Derrière les cèdres bleus la vie s'est arrêtée,
Imperceptiblement sous les assauts du vent,
La cascade des rêves a été asséchée
Dans son lit de calcaire désertique, mourant…

Et puis, tu m'apparais entre les barreaux noirs
De la cage glacée qui enferme mon cœur,
Dans les griffes rougies des souvenirs d'espoirs,
Et dans ce sablier d'immunosuppresseurs…

Derrière la vitre, mes grains de vie s'écoulent.
Derrière les barreaux, ton rire m'éclaire.
Où puises-tu cette étrange sérénité
Qui arrache les armes de mon cœur barbare ?
À toutes les tombes que tu me fais oublier,
Je dédie le bonheur auquel tu me fais croire,
À toutes les larmes versées aux catacombes du réel,
Je dédie l'espoir.

Plongeon

Je plonge mon âme en sang dans tes lèvres framboise,
Dans les lueurs ambrées de ton regard azur.
Je vois le monde à travers le prisme
De l'amour solaire qui flambe dans ton être,
Qui rayonne et t'incarne,
Ou que tu es, peut-être :
L'amour universel dans un être de chair,
Toi mon péché, mon rêve, mon doux enfer.

Cantique aux althéas

Ce matin j'étais la première réveillée. Je contemplais sur les corolles parme des althéas les gouttes de rosée éphémères dans lesquelles se reflétaient les premières lueurs de l'aube. Mon amour dormait encore. Je fus soudain envahie par l'insupportable prise de conscience de sa nature mortelle. J'observais la lumière qui se posait délicatement sur les boucles dorées de ses cheveux en bataille, et je me sentais connectée à l'Amour universel. Je n'étais plus Parme et il n'était plus Mylon. Nous étions Elle et Lui, l'homme et la femme universels, les mêmes depuis la nuit des temps…

Mon amour dort encore.
J'attendrai que s'ouvrent les althéas...
Pour l'heure, la rosée se déploie
Et j'ai des remords...
De n'avoir que trop peu goûté
Aux délices de l'enfer,
Je rêve de me perdre dans les blés
De ses boucles mellifères,
Dans son regard marin centré
D'un anneau d'or qui le fait roi,
Quand la Voie lactée s'offre à moi
Dans ses yeux étoilés.
Autour, les blés inondent ma vue,
Et devant la nature, je me noie dans sa force,
Et le printemps jaillit une nouvelle fois

De son écorce.
Le délice d'une baie framboisée
Me plonge dans une joie champagne
Les essences de myrte, azurées
Embrument la campagne.
Une fraîcheur de bleuet, de cassis…
Et la candeur…
De son adolescence envolée
Dans l'écharpe d'Iris…
En sueur.
Et sa puissance de prince antique
Qui inonde mon cœur indomptable
De son flot dont l'écume magique
Irise le sable,
Ramène en moi le souvenir
De villes aux mille saveurs,
D'ombres rosées dansant sur les délires…
De mes peurs,
De sa présence qui m'a réchauffée
Une fois de plus dans cette autre chambre,
Dont la vieille tapisserie mordorée
A englouti nos regards d'ambre,
Des jours où nos âmes condamnées
Flottaient sur les coques insouciantes
Des fruits de la complicité
Sur des flots de saphir et de menthe.

Dans le souffle du vent

Les mûres transpirent d'un miel qui ressuscite
l'enfance,
J'ai au coeur ces réminiscences des jours de clarté
et de joie
Et sur ma peau l'empreinte sanglante des
passions,
À mes côtés ta main chaude qui me drape
Dans ce doux manteau d'océan,
Je vais libre
Dans le souffle du vent.

Je te sais

Je sens d'ici les brûlures qui naviguent sous ta peau,
Les battements fous de ton cœur qui hurlent en silence
Dans leur prison dorée,
Je sens la souffrance qui nourrit ta force créatrice
Et ta vulnérabilité,
Je sens ta fougue d'homme,
Ta sensualité fiévreuse
Comme une rivière trop contenue
Prête à déborder...
C'est inattendu,
C'est inexplicable...
Je te sais.

L'aube s'éveille

Lorsque l'on revient du couloir sombre de l'agonie,
Chaque grain de lumière est un émerveillement.
La réalité scintille comme la nature après la pluie…

L'aube s'éveille,
J'ai dévoré toutes les étoiles
Dans la nuit indigo de ton regard,
Dans l'amour que nous faisions,
Fenêtre ouverte sur le jardin de la mort,
Vibrant en osmose avec le chant d'un grillon amoureux,
D'un oiseau qui pleure dans la nuit,
Humant le parfum violet des fleurs mellifères,
La brume bleutée imprégnée d'une saveur d'abricot mûr,
Accueillant en moi la rivière lactée de tes vergers.
L'aube s'éveille aux quatre coins du monde,
Sur les monts verdoyants, les sables du désert,
Sur la robe bleutée des océans sereins,
Sur les enfants qui jouent dans les rues, à la guerre
Sans savoir qu'elle signera leur fin…
Elle dépose mille paillettes de sève
Sur les fleurs perlées d'une rosée luisante,
Elle dessine une auréole de rêve
Au-dessus des nouveaux-nés
Et au-dessus des tombes.

Elle accueille dans ses bras de rose
La vie accouchée des abysses
Du rift brûlant de lave
Des amours d'Orphée et d'Eurydice.
Elle dépose dans chaque regard,
Dans tous les yeux de tous les êtres,
L'éclat sacré
De la lumière dorée et sanguine,
Qui au travers des feuilles illumine
Le Tout de son éternité.

L'ivre de Toi

Ce soir l'instant est éternel,
Il brille en ton regard brûlant,
Il déchire les murs du temps,
Et mon sang bout dans l'hydromel.

La vitesse et la nuit m'enivrent,
Est-ce toi qui me rends sauvage ?
Je te dévore comme un livre
Je te lis, tu tournes mes pages.

Nous nous enfuyons sous la voûte
Etoilée de tous nos désirs,
Dans ce cabriolet je goûte
Au plus précieux des élixirs :

Celui de la pulsion de vie,
Être plus que jamais vivants,
Je sens vibrer dans l'infini
Ta fougue et ta force d'amant.

Et puis nous repartons goûter
Aux ténèbres qui nous embrument,
Au croissant qu'on voit défiler
Dans l'air du couchant que l'on hume.

Et la musique des comètes
Palpite en nos deux cœurs blessés,
Si j'écris cette vie de fête,
C'est à l'encre des condamnés.

Parfum de déluge

Il pleut. L'herbe boit l'écume des flaques qui nappent le sol assoiffé.
Il flotte dans l'air comme un parfum de passion et de foin mouillé.
La terre rousse devient onctueuse,
D'une douceur à masser ton corps et ses lignes viriles,
Comme si je te sculptais.
Mais la nature t'a déjà façonné
Comme un colosse au cœur d'argile,
Ton regard est foudre d'orage,
Le déluge redouble…
Tempête d'Apollon,
Éros, célèbre en moi l'amour.

Aube immaculée

L'aube scintille dans sa robe transparente
D'un incomparable éclat d'éternité.
Je t'aperçois au loin,
Tu arpentes les névés de coton
En quête des premiers crocus,
De la vie neuve et verdoyante
Qui surgit de la croûte glacée.
Tu rayonnes de sérénité,
Tes cheveux volent au gré des nuages
Dans le paradis des choucas,
Ton sourire séraphique éblouit les anges
Comme en son temps,
Celui de l'amant des hauts plateaux
Que la vie m'a arraché…

Idylle vagabonde

Depuis la nuit des temps, je marche à travers champs,
Je défriche des blés vierges de pas humains,
J'ai laissé au soleil mes espoirs d'enfant,
Et je cueille aujourd'hui le bonheur quotidien.

La nature est ma vie, ma foi, ma liberté,
Je n'emprunte jamais deux fois le même sentier,
Si certains profitent du chemin tracé
Par mon âme indocile, c'est tant mieux pour les blés.

Depuis la nuit des temps, je me fonds au couchant,
Et j'habille mon corps aux reflets du soleil,
Mais à ceux qui voudraient l'essayer quelque temps,
Je leur prête ma robe orangée et vermeille.

Depuis la nuit des temps, je cueille des comètes,
Je sabre le champagne dans la nuit bleutée,
Si certains veulent boire mon champagne sabré,
Je laisse la bouteille, la vie est une fête.

Il y a tant de bonheur à cueillir au ciel bleu
Et tant à partager avec ceux qui vont mal,
Je laisse toutes mes fleurs, tiges, cœurs et pétales
Sans le moindre regret, car rien ne vaut tes yeux.

Je ne cueille jamais deux fois la même étoile,
Si une étoile sombre, je file entre ses doigts,
Si certains ramassent les miettes de mes joies
Je suis ravie pour eux, pour moi, je mets les voiles,
Toutes voiles dehors avec toi mon amour,
Toi, celui qui as su toujours tenir un cap,
Toi qui sais ramener lorsque mon cœur dérape,
La nature, notre vie, la liberté toujours.
 […]

À toi, Étoile d'océan

À toi qui m'accompagnes par-delà le vent,
Par-delà le temps,
Dans mes nuits de ténèbres et dans mes pluies d'extase,
Dans l'ombre du néant et dans l'or du jour,
Sache que ton regard est la source sereine
Qui habille mes mots de ses flots de passion.

Et je te choisis encore,
Toi, étoile parmi les étoiles,
Toi ma passion turquoise et lumineuse
Comme les flots marins parsemés d'astres fous.
Je te choisis,
Toi, amour devenu au fil des orages,
Toi qui sais mieux que moi dompter mes peurs bleues,
Je te choisis,
Toi le damné, mon compagnon de voyage
Placé par le destin sur mon chemin de feu.

Nous irons

Nous irons, j'y crois encore
Cueillir le cassis et le myrte
Sous le soleil de plomb…
Que je serai toi !

Nous baignerons nos pieds brûlés
Par le tranchant des pierres du chemin
De nos vies assassinées
Dans les rivières du destin…

La nuit, regarde, la lune est rousse !
Que chantent les grillons ! Et les herbes !
Les lits de mousse…
Que tu sois à moi !

Le ver luisant y croit…
Dans sa prison…

Les vers grouillent sous la Terre
Mais nous sommes bien,
Nous crachons sur la misère
Qui nous a faits humains…

Car tu y crois, n'est-ce pas ?
Je lis l'espoir dans le torrent
Qui s'échappe de ton regard d'amant.

Vois-tu le soleil qui flamboie
Derrière les cèdres centenaires,
La rose qui renaîtra
De notre enfer ?

Vibre, sens, respire, écoute…
Ah qu'il est bon
De sentir les gouttes
De nos rêves moribonds
Qui brûlent de cette vie folle
Qui scintille partout…
Que je crois en toi !
Que tu sois nous !

L'appel de la nuit

L'amour embrase la nuit,
Mon amour m'embrasse,
Il éclaire ma vie
De mille mots « passion »,
Me vient l'inspiration
En cet instant de grâce,
Jusqu'à l'aube velours,
J'écris après l'amour.

Nuit de Toi

Eclat de nuit, je vis sous ton regard,
Sous ta chaleur fauve.
Je goûte à la nuit souveraine,
La nuit qui enivre mes sens
D'effluves indigo,
De saveurs pimentées,
D'embruns sauvages.
Je cueille quelques étoiles
Bleu outremer.
Sur ta peau la vie pétille,
Je m'abreuve
Aux fontaines de curaçao.
Mon corps ensorcelé
En rage,
En nage,
Croque la vie sous la lune iodée
Gorgée de miel,
La flamme coule
Dans tes veines qui palpitent
De ce torrent rubis
Viril et indomptable,
D'une passion incandescente et océanique,
De ta pulsion de vie
Qui raconte à mes lèvres violettes
Leur appétit vorace,
Et l'urgence de ta soif,
La fougue de ton âme sauvage,
Que tu exprimes en moi
Par flots d'écume marine,
M'inondant de ta chaleur sereine et envoûtante.

Nous ne mourrons pas

Nous ne mourrons pas,
Car je suis l'écume éternelle
Ce soir entre tes bras de volcan fou
Qui embrasent l'océan du réel...

Nous ne mourrons pas
Car rien n'est plus intense
Qu'une parcelle d'infini savourée
Dans les paillettes ambrées de ton regard.

Nous ne mourrons pas
Car lorsque la mort passera
Dans sa robe de charbon et de sang
Nous ne la reconnaîtrons pas.
Nous serons trop occupés
À célébrer la vie,
À faire l'amour
Sur nos propres tombes.

Il n y a pas d'histoire sans fin,
Les vagues du temps
Se sont déjà évaporées
Dans la nuit cruelle,
Contre notre Eden brûlant,
Dans les congères givrées
Des griffes du néant.

Mais nous hurlerons jusqu'au dernier souffle
Notre foi
En l'éternité de l'instant.
Et l'amour universel

Plus fort que tout,
Du haut de nos idéaux,
Triomphera du néant.
La passion est la sœur flamboyante de l'espoir.

Seuls face à l'immensité, seuls dans l'azur

Ton regard diffracte mille éclats d'azur.
Tu inondes l'air transparent d'une écume de sérénité.
Ai-je vraiment existé avant notre arrivée ici ?
Je ne m'en souviens pas.
Les narcisses dansent nonchalamment au bord du ruisseau
Frôlés par les assauts du vent.
Autour de nous, l'infini déploie ses vagues verdoyantes d'espoir,
Le silence se tait pour mieux nous absorber…
Tu me souris,
Je te rejoins,
Tu fonds en moi pour célébrer la vie.

Comme un écho de Toi et moi :

Quand la mort en robe de pierre aura eu raison de nous,
Quand les fleurs de cimetière seront le seul vestige de joie,
Quand le temps aura oublié nos âmes bleues, nos rêves fous,
L'azur mort vibrera peut-être d'un écho blanc de toi et moi,

D'un écho blanc comme un nuage passant dans les cieux endormis,
Comme une guimauve sauvage qui s'embrase à la nuit venue
Pour illuminer le couchant de sa pulpe passion de fruit
Comme s'aimaient seules sous l'orage nos deux silhouettes sombres et nues,
D'un écho éphémère et doux comme un bref battement d'ailes,
D'un citron s'abreuvant de miel aux étamines ensoleillées,
Comme un silence assourdissant bien trop paisible et éternel,
Comme la vie qui se languit depuis que l'on a déserté.

Étoiles suspendues

Nous nous éteindrons mon amour,
Comme deux étoiles suspendues aux fils d'argent
De destins extravagants
Qui nous effacent jour après jour.
Nous oublierons cette lumière
Qui scintille dans les abysses
De nos cœurs en proie au supplice,
De nos corps voués à la terre,
Ces braises d'or et de passion
Qui dans ton regard turquoise
Me font oublier la prison
Où brûlent nos âmes grivoises,
Pour tenter d'oublier un instant
L'injustice de nos destinées,
La loi humaine nous condamnant
A des rêves d'éternité…
Et je plonge éternellement
Dans l'écume de tes yeux rieurs
Dont les larmes inondent le rocher
Que la vie a fait de mon cœur.
Je tente d'immortaliser
En mon âme qui déjà s'effrite
Les pépites d'éternité
Qui naissent sur tes lèvres qui palpitent
De cette pulsion d'exister,
De cette passion qui flambe
D'étincelles d'éternité,
De ceux qui se ressemblent.

Feuille de vie

M'aideras-tu à vivre sous la menace
Nos existences torturées
Nos quotidiens de condamnés,
Nos conditions humaines qui tracent
Nos chemins interrompus
Du jour au lendemain…
Tiendras-tu ma main
lorsque nous ne serons plus ?
Aujourd'hui entre les branchages
De la forêt aux écureuils,
Je veux cueillir des feuilles
Sans âge…
Je veux humer dans les champs de foin
L'odeur de l'herbe séchée au soleil,
Choir dans l'extase corporelle
Jusqu'à demain,
Sentir le parfum de l'aurore
Qui s'évade de ton âme d'enfant,
De chacun de tes pores,
Te sentir vivant…
Et me draper dans la brume étoilée
Qui reviendra ce soir,
Contre toi me réchauffer,
Dans le noir.

Rêve à jamais vivant

Si je pouvais voler, je choisirais d'être un nuage.
À jamais vivant,
Mon rêve de cueillir la nuit
Et la sève incandescente
De ses pétales gorgés de vie.

À jamais vivant,
Ton regard indéfinissable,
Tantôt charmant tantôt diable,
Parfois insolent.

À jamais vivants
Ces instants où nos peaux s'effleurent,
Dans les jardins de l'inconscient,
Où nos regrets se meurent.

À jamais vivants
Ta bouche chaude et humide,
Tes bras enveloppants,
Ton âme intrépide.

À jamais vivant
Ce sentiment de vivre l'enfer,
Dès que nos mains s'éloignent un instant,
Dès que ma peau ne frôle plus tes mystères.

À jamais morts
Ces fragments d'éternels,
Ces pépites d'aurore,
Ces braises de miel.

Ma part de nuit

Entre les feuilles douces ambrées par le soleil
Et le drapé des branches épineuses des cèdres,
Entre les troncs aux écorces rousses
Et les violettes des sous-bois,
Que l'on me laisse disparaître,
Oublier tout ce que fut ma vie,
Devenir les chants d'oiseaux,
Les grillons amoureux,
La brume aurorale,
Les étoiles aperçues à l'orée des cimes,
Et me fondre dans ma part de nuit
Pour atteindre l'ultime apaisement,
Et te rejoindre, toi, mon éternelle osmose…

La mémoire des rochers

Je ne t'oublierai pas car l'écume insolente gardera
 tes cheveux d'argent,
Je ne t'oublierai pas car le chant de la roche
gardera nos moindres murmures,
Ces mots que nos regards criaient dans l'espace-
temps,
Cri de notre passion, flamme dans la verdure.
Cette flamme orangée qui brûle entre nous deux,
Sous les cieux ténébreux de feu et d'amarante,
Ce fluide qui coule en flots tumultueux
De ton âme à mon âme, cascade flamboyante.
L'écume gardera au cœur de sa mémoire
Nos rires et nos ébats dans la clarté du soir,
Les étoiles parleront, dans des années-lumière
De nos corps qui s'aiment
en leurs proses et nos vers.
Les nuages aussi évoqueront encore
Ces deux oiseaux blessés qui se ressemblaient
tant,
Qui s'aimaient d'un amour plus fort que la mort,
Plus forts que l'univers, l'espace d'un instant :
L'amour des rivières, des anges et des volcans.

Aux sources de pays

Dans les lueurs du soir j'irai te retrouver
Dans les franges d'écume des cascades d'Eden,
Sur les veines saillantes des feuilles roussies
Par les assauts du temps qui coule et nous efface,
Je m'offrirai à toi comme on s'offre au néant
Sans espoir de retour, avec abnégation,
Avec la dévotion des femmes amoureuses.
Mes courbes de colline attendront tes mains douces
Comme la terre accueille son bon paysan,
Je serai ton pays, tu seras mon torrent.

Éveil doux

Comme il est doux de se réveiller dans le bain
brumeux de tous mes amours,
Lumière infusée d'or et de réminiscences,
Gloire à ceux que j'ai aimés,
L'aube rosée leur appartient.
Elle dépose sur les pétales veloutés
Mille perles de mémoire,
D'idylles évaporées.
Je hume l'air sucré de tous mes amours,
Au chant des mésanges
Je n'oublierai jamais leurs regards,
Le tien non plus, mon amour,
Ni ton sourire, ni tes lèvres, ce fruit savoureux
qui distille ce poison de plaine d'or…

Ineffable

Comment expliquer qu'il soit toujours en moi ?
Comment l'effacer ?
Il était si vivant, ça ne s'oublie pas…
Il était ce héros
Qui éveille à la vie
Les soleils noirs qui meurent
Dans le silence des vies,
L'oxygène qui rayonne d'espoir
Dans les abysses de la mort,
Cette sorcière qui déclarait forfait
Sous ses pas de météore

Nous avons tout détruit,
Nous avons été négligents et cruels,
Tout a disparu,
Mais tout est là,
Dans l'écume d'aurore,
Qui ressuscite les parfums
Des fruits mûrs des temps insouciants.

Grains d'insouciance

J'émerge de la nuit,
Sertie dans l'écrin solaire de ta peau chaude,
J'ai vaincu toutes les chimères,
Le jour bat son plein d'insouciance,
Le café m'attend,
Je plonge dans la tasse océane,
Le soleil est à moi,
Délicieusement.

Danse sous les stalactites

J'ai retrouvé l'éclat de l'Eden insouciant,
Hier, quand nous marchions, heureux, main dans la main,
Au cœur des sapinières éclairées de blanc,
J'ai oublié le temps, la mort et le Destin.

Dans tes yeux bleus de glace aux reflets d'océan,
Quelques flocons de rêve ont nappé de turquoise
Mes frayeurs de jadis et mes larmes d'enfant,
Tu as cueilli la vie sur mes lèvres framboise.

Puis nous avons dansé sous les chutes endormies
Qui trônaient pétrifiées dans leur robe de givre,
Leurs stalactites grises par-dessus nos vies
Nous ont redit combien il est urgent de Vivre.

Robe d'azur

Aujourd'hui j'ai mis ma robe d'azur.
Je marche au cœur de l'aurore,
Sensuelle et mugissante,
Murmure de l'écume froissée
Sur la grève silencieuse,
Etoile de l'aube rouge,
Braises étincelantes de l'Eden endormi,
À l'ombre des citronniers
Sur le sable blanc…

Cocktail d'éternité

Quelques rayons d'or
Sur ta peau abricot,
Comme la caresse printanière
D'un souffle d'hydromel
Devant les flots argentés.
La douceur de tes mains,
Ta bouche fraîche et salée,
Les embruns,
Qui m'inondent d'iode et de musc,
Dans ce bain d'écume rosé.
Le champagne,
Qui s'écoule en vagues délicieuses,
Une gorgée de crépuscule
Aux saveurs de citron et d'étoiles,
L'air fruité du couchant
Que je bois, que je hume,
Le parfum de la vie
Devant l'éternité.

Lit de bohème

Ton regard ce matin est un lit de bohème
Me voilà revenue des dangers qui nous guettent
J'ai cueilli un fruit mort, je l'ai jeté aux lions
Le serpent me narguait mais je l'ai piétiné
Ton regard m'ouvre encore de nouvelles rivières
C'est pour m'y baigner nue que je pars dans le vent
Marcher la tête haute et le regard fier
Mais je reviens encore partager ton chemin
Tes sourires poèmes que j'écrirai demain.

Je t'aime comme l'azur

Toi qui dors à mes côtés pendant que j'attends
l'aube
Avec mon épuisette à la main
Pour en récolter quelques paillettes
Et les déposer sur ta peau d'ambre,
Sais-tu lorsque tu rêves à mes côtés
Que je t'aime comme l'azur,
Comme un oiseau bleu posé sur la même branche
que moi, scintillant de soleil, m'offrant son chant
serein.
Je m'endors dans l'écrin chaud de tes bras d'ange
Et j'attends comme chaque jour ton éveil,
Ce miracle qui se renouvelle à chaque aurore
De ta pureté d'homme bon et de mon amour fou.

Notre apocalypse

Tu verras elle sera belle notre apocalypse,
Vois, le ciel déjà a mis son costume d'or pour la prochaine éclipse,
Les clématites s'embrasent,
L'eau se pare de feu,
Oublie les nuages qui menacent, ignore-les, c'est mieux.
Tu verras elle sera belle notre apocalypse,
Elle sera comme il est impossible de l'imaginer,
Teintée de parme et de mystère, d'étoiles, de mille délices,
Fleurie de mille fleurs dernières
S'ouvrant devant la Voie lactée...
Elle sera lumineuse comme nos regards
Embrasés d'or et de violine à l'approche du dernier soir,
Elle sera sublime comme l'ultime amour
Celui qui offre face au néant sa dernière lueur de jour,
Elle sera ce mélange de soir mauve et de feu doré,
Ce soleil qui nous sourira avant de s'évaporer,
Elle sera cette fusion de nous deux
Face au tout, face au néant, notre plus bel Adieu.

Amazones amoureuses

Dans la brume du soir je m'envole sereine,
J'ai la chance d'être libre et la joie d'être femme,
Mes amies de combat sourient à mes côtés,
Elles brandissent aussi la rose de demain
Qui brille de leur flamme d'Amazone
Amoureuse.
Oui demain elles iront rejoindre leurs aimés,
Ces hommes, ces héros qui les proclament
Reines,
Ces guerriers qui n'ont nul besoin de dominer
Pour affirmer leur force d'airain et de soleil,
Ces chevaliers vaillants qui ne portent des coups
Qu'à la bêtise humaine et à l'adversité,
Ces amants qui embrasent leurs cœurs de
guerrières,
Les font vibrer d'extase
Sous la voûte étoilée.

Parme Ceriset	1
TOI D'ÉCUME	1
AVANT-PROPOS	3
À Toi, qui Jadis parlais ma langue, qui sait si tu sauras encore la déchiffrer…	5
Écume de Toi	7
Ta voix de rivière	9
Vent de Toi	10
Braises de vie	11
Chemin de Toi	12
Vagues de Toi	13
Nuages de Toi	14
Tes yeux de brume	14
Les herbes libres	15
Les braises de l'espoir	16
Une bouffée de rêve	17
Noël en geôle blanche	18
Pépites d'encore	19
Toi des abysses	20
Étincelles de Toi	21
Le train du temps	22
Réminiscences de Toi	23

Bouteille d'écume 24

Ton cadavre en forêt 25

Nos rires dorment 27

T'attendre..28

Toi de brume 29

Écume de joie...30

Éclat de lumière...31

Inégalables 31

N'oublie jamais la saveur de l'aube 32

L'Auberge d'Eden..33

Eden de neige 34

Soupe orange...35

Rosée d'or, Eden roux...36

Le coquelicot Icare...37

Passion coquelicot...38

Premier mirage d'absolu 39

Roches et réminiscences 42

Ancien royaume...43

À un rêveur...44

Le cadavre de notre amour...............................44

À « Toi » de ma seconde vie, toi qui m'éveillas à la lumière… 45

Nuit d'or 47

Sève passion 48

Tu dis que tu chantes 48

De l'autre côté de la nuit 49

Le lac Destin 49

Sous la pluie sanguine 50

Les citrons de calabre 51

Je veille dans le givre 52

Cœur de neige dans la braise 54

La valse des regards 55

Réinventer l'espoir 57

Mirage sucré 57

Flammes purpurines 58

L'Apollon de l'espoir 59

Le souverain de mes nuits 60

Plongeon 61

Cantique aux althéas 62

L'aube s'éveille 66

L'ivre de Toi 68

Parfum de déluge 69

Aube immaculée 70

Idylle vagabonde 71

À toi, Étoile d'océan 73

Nous irons 74
L'appel de la nuit 76
Nuit de Toi..77
Nous ne mourrons pas...............................78
Seuls face à l'immensité, seuls dans l'azur.....80
Comme un écho de Toi et moi : 81
Étoiles suspendues.....................................82
Feuille de vie..83
Rêve à jamais vivant 84
Ma part de nuit...85
La mémoire des rochers.............................86
Éveil doux...88
Ineffable 89
Grains d'insouciance..................................90
Danse sous les stalactites 91
Robe d'azur...92
Cocktail d'éternité......................................93
Lit de bohème...94
Je t'aime comme l'azur 95
Notre apocalypse 96
Amazones amoureuses...............................97